LES DROITS ET LES DEVOIRS

DES

CONSERVATEURS ET DES ADMINISTRATEURS

DES

BIBLIOTHÈQUES COMMUNALES

PAR

M. VICTOR ADVIELLE (d'Arras),

Ancien bibliothécaire,

Membre du Conseil génér[illegible] la Société pour la conservation des Monuments,
des Sociétés des Antiquaires de la Morinie, de la Normandie,
de l'Ouest, du Centre, etc.,
des Commissions du Musée et de la Bibliothèque d'Arras.
de l'Académie d'Arras, de l'Académie delphinale, de l'Académie de l'Histoire de la patrie de Palerme, de l'Association nationale des Sciences, Lettres et Beaux-Arts de Naples,
du Cercle artistique et littéraire d'Anvers, etc., etc.,
Lauréat de plusieurs Sociétés savantes,
Commandeur et Chevalier de plusieurs Ordres.

PARIS
LIBRAIRIES PAUL DUPONT, DUMOULIN, DURAND, HACHETTE,
COTILLON, AUBRY ET BACHELIN-DEFLORENNE.
1874.

LES DROITS ET LES DEVOIRS

DES

CONSERVATEURS ET DES ADMINISTRATEURS

DES

BIBLIOTHÈQUES COMMUNALES

PAR

M. VICTOR ADVIELLE (d'Arras),

Ancien bibliothécaire,
Membre du Conseil général de la Société pour la conservation des Monuments,
des Sociétés des Antiquaires de la Morinie, de la Normandie,
de l'Ouest, du Centre, etc.,
des Commissions du Musée et de la Bibliothèque d'Arras,
de l'Académie d'Arras, de l'Académie delphinale, de l'Académie de l'Histoire de la patrie de Palerme, de l'Association nationale des Sciences, Lettres et Beaux-Arts de Naples,
du Cercle artistique d'Anvers, etc., etc.,
Lauréat de plusieurs Sociétés savantes,
Commandeur et Chevalier de plusieurs Ordres.

PARIS
LIBRAIRIES PAUL DUPONT, DUMOULIN, DURAND, HACHETTE,
COTILLON, AUBRY ET BACHELIN-DEFLORENNE.
1874.

Vienne, Imprimerie et Lithographie de J. TIMON. — 1874.

Le 30 janvier 1869, le ministre de l'Instruction publique consigna dans un rapport les observations suivantes :

« Il importe, — disait-il, — d'initier, dès le début, les élèves de l'école des chartes à la connaissance des grands recueils d'érudition et des ouvrages spéciaux qu'ils doivent apprendre à manier pour en apprécier toutes les ressources.... Des notions exactes sur le classement des bibliothèques et sur le régime administratif de ces établissements les prépareront, en outre, à l'une des fonctions auxquelles le titre d'archiviste paléographe leur assure des droits. »

La même année, le *Congrès scientifique de France*, réuni à Chartres, discuta toutes les questions qui se rapportent à l'administration des Bibliothèques et des Musées de province, sujet d'autant plus neuf, disait, à cette occasion, l'un de nos confrères de la *Société d'archéologie* (1), *« que nos administrations se préoccupent bien peu de ces deux choses. »*

Depuis lors, les vœux réitérés de l'opinion publique n'ont point été satisfaits.

Mais certains indices donnent lieu de croire et d'espérer que le ministère de l'Instruction publique prépare, en ce moment, un projet de loi sur les bibliothèques communales.

(1) BULLETIN MONUMENTAL, dirigé par M. de Caumont. Année 1869, page 693.

C'est en vue d'apporter mon concours à l'élaboration de la nouvelle loi, que je livre à la publicité ce résumé de mes études personnelles sur cette intéressante question.

Dans ce travail, j'ai reproduit et commenté toute la législation et toute la jurisprudence qui régissent les bibliothèques communales; — j'ai déterminé nettement les droits et les devoirs des Conservateurs et des Administrateurs de ces établissements; — le moindre argument s'appuie sur un texte ou sur l'usage; — des points controversés de doctrine y sont élucidés. — J'ai donc l'espoir qu'il consacrera définitivement les droits et les devoirs de tous et de chacun en ces matières, quelquefois délicates.

Mon livre est, dans tous les cas, un acte de revendication en faveur des bibliothécaires.

Les bibliothèques publiques sont de création récente. D'illustres amateurs de livres, de Thou, (1) mort en 1617, Richelieu, mort en 1642, du Bouchet, mort en 1654, Mazarin, mort en 1661, l'abbé Boisot, mort en 1694, recommandèrent à leurs héritiers de rendre publiques les importantes collections qu'ils avaient péniblement amassées. Richelieu surtout fixa sa volonté, à cet égard, dans son célèbre testament. « Mon dessein — dit-il — est de rendre ma « bibliothèque la plus parfaite et accomplie que je pourray, et la « mettre en un estat qu'elle puisse non-seulement servir à ma « famille, mais encore au public..... Je veux et entends que le « bibliothécaire soit tenu de conserver ladite bibliothèque, la tenir « en bon estat, donner l'entrée, à certaine heure du jour, aux hom- « mes de lettres et d'érudition pour voir les livres et en prendre « communication dans le lieu de ladite bibliothèque, sans trans- « porter les livres ailleurs. »

Mais, en somme, ces prescriptions ne furent jamais complétement exécutées. La Bibliothèque du Roi resta, elle-même, fermée aux *Gens de Lettres* jusqu'en l'année 1737 !..... En 1773, la riche

(1) Voir, à ce mot, l'Armorial du Bibliophile de M. Joannis Guigard.

bibliothèque de Mgr. de Caulet, évêque de Grenoble, et, le 3 janvier 1784, celle, non moins remarquable, des religieux de l'abbaye bénédictine de St-Vaast d'Arras, s'ouvrirent aux *littérateurs* déjà fort nombreux de ces deux provinces. Un siècle à peine s'est écoulé depuis lors, et déjà toutes nos villes sont dotées de bibliothèques publiques.

Mais, en même temps que les bibliothèques deviennent plus nombreuses, elles tendent à se transformer en cabinets de lecture.

Aux grands livres d'étude qui s'adressaient à l'érudit, au penseur, l'on substitue volontiers aujourd'hui, presque partout, une littérature légère, quelquefois malsaine, toute de convention, qui est, dit-on, plus au goût du jour.

Alors, en présence de la désertion dont étaient l'objet les savantes bibliothèques d'autrefois, l'idée est venue à quelques hommes d'y adjoindre une bibliothèque populaire ou de circulation.

Le journal paraissant devoir remplacer le livre, et le lecteur n'allant plus vers le livre, le livre ira vers le lecteur.

On ne le lira plus sur place ; on l'emportera chez soi.

Tel est le principe qui, d'accord avec nos goûts, semble s'imposer à l'organisation des futures bibliothèques.

« Pour l'ouvrier, — dit un écrivain humoristique — (1) pour le paysan, la bibliothèque est quelque chose de froid, de triste, d'officiel, où rien ne l'attire, d'où, au contraire, l'éloigne je ne sais quelle crainte respectueuse. Il n'entre pas là comme chez lui; il ne s'y sent pas à l'aise. Quel livre choisir ? il n'en sait rien, et il faut demander ce livre à un employé, à un *monsieur* : on a l'air d'implorer une grâce. Il n'aime pas cela. Et puis, la fréquentation à la bibliothèque dérangerait ses habitudes et troublerait son bonheur domestique. La ménagère ne veut pas plus entendre parler de la bibliothèque que du cabaret. Elle a tort ; mais qu'y faire ? Autre difficulté. Sera-t-il obligé, pour aller cultiver son esprit pendant une

(1) J. Addison. — *L'Evènement*, n° du 10 septembre 1866.

heure ou deux, de changer de costume? Oh! dans ce cas, il n'hésitera pas à y renoncer. Mais s'il garde sa blouse ou son bourgeron, et le plâtre sur les vêtements et la terre (1) sur les mains, sera-ce convenable? Il faut respecter les établissements de la commune. »

Il y a du vrai dans ces observations qui visent surtout à l'effet; mais il serait encore plus vrai de dire que les bibliothèques populaires sont nées d'une pensée politique mesquine et égoïste. D'où, selon moi, la nécessité de les réglementer par des dispositions législatives, parce que, plus la décentralisation est étendue, plus doit être vigilant et sévère le contrôle de l'autorité supérieure.

Une enquête, ordonnée au mois d'octobre 1873 par le Ministère de l'Instruction publique, a établi que la plupart des bibliothèques communales, dites populaires (2), même dans la région de Paris :

1° Ne sont point uniformément réglementées ;

2° Qu'il n'existe presque nulle part, auprès de ces bibliothèques, un comité d'inspection, comme le prescrit l'art. 38 de l'ordonnance du 21 février 1839;

3° Que les fonctions de bibliothécaire sont remplies par le secrétaire de la Mairie, l'instituteur, quelquefois même par sa femme ;

4° Que les livres sont, avant leur réception, examinés par les Maires seuls ;

5° Que les livres le plus souvent empruntés sont plutôt des livres de récréation (romans, voyages, etc.), que des livres de science.

Cette situation est conforme à celle qu'avouait déjà, en 1868, la Société Francklin (*Bulletin* n° 5, page 79) :

---

(1) Il faut plaindre les livres qu'on mettrait entre des mains terreuses!

(2) Il n'existe encore dans la banlieue de Paris que 24 bibliothèques populaires, pour 71 communes, et plusieurs communes très-importantes n'en n'ont point.

Dans l'ancien département du Haut-Rhin, pourtant fort peuplé, les bibliothèques populaires, disait, en 1868, la Société Franklin (Bulletin, page 116), « n'ont pu s'établir que dans les villes. »

« Soumettant livres et auteurs à un véritable scrutin — disait-elle — nous avons voulu, pour rendre l'épreuve complète, nous adresser, en quelque sorte, au suffrage universel, et chercher à savoir d'une manière précise quels sont, dans les bibliothèques populaires existantes, les livres qui, sans cesse lus et redemandés, jouissent, parmi les lecteurs, d'une faveur réelle. Il faut nécessairement distinguer, quant au choix des livres, entre les villes et les campagnes. Mais il est résulté d'une manière générale de cette enquête, que les bons livres courts et amusants : contes, romans, voyages, biographies, surtout quand ils sont illustrés, sont demandés en première ligne. Viennent ensuite l'histoire et quelques statistiques. Les livres de science et d'agriculture, même élémentaires, paraissent moins recherchés. Dans certaines localités, ils sont plutôt consultés que lus. »

Généralement, les maires pensent que l'appui du Gouvernement serait utile au développement des bibliothèques populaires communales. Quelques-uns cependant émettent des doutes à cet égard; certains vont même jusqu'à repousser toute immixtion du Gouvernement dans l'organisation et l'ordonnance de ces établissements. Créés par la commune, ils doivent, selon eux, se développer par les seules forces de l'initiative privée. Ces derniers nous paraissent trop exclusifs dans leurs doctrines. En France, en effet, l'initiative privée a rarement un lendemain, et elle détruit trop souvent aussi, sous l'influence de causes diverses, ce qu'elle avait laborieusement édifié. C'est donc une nécessité de premier ordre pour ces établissements de s'épanouir à l'ombre d'une puissance durable. Leur existence est à ce prix. Un ministre de l'Instruction publique l'a dit excellemment : (1)

« C'est par l'accord de l'initiative individuelle et de l'action gou-« vernementale que se réalisent en France un grand nombre d'a-« méliorations. » La Société Francklin recommande elle-même —

(1) Circulaire du 8 août 1867.

Bulletin 1868, n° 5, p. 74 — aux organisateurs de se mettre « en rapport avec le Maire et avec les diverses autorités de la commune. » Elle reconnait aussi (page 75) que s'il s'agit d'une bibliothèque *municipale* proprement dite, c'est-à-dire appartenant à la commune, et fondée au moyen du crédit voté par le Conseil municipal, « elle est placée de plein droit sous l'autorité du Maire. »

Il y a chez certains esprits une tendance regrettable à vouloir créer des bibliothèques *libres* en dehors de tout contrôle, de tout concours, de toute action gouvernementale.

Cet ilotissement, au milieu d'une Société dont toutes les parties ont des intérêts communs, ne peut qu'augmenter les causes de zizanies déjà trop nombreuses dans les petites localités surtout.

Refuser le concours de l'Administration municipale, c'est faire acte d'hostilité contre elle, et, dans ces conditions, nous le disons avec une profonde conviction, il faut s'attendre à de grands mécomptes.

Si la Bibliothèque ainsi créée doit être mise à la disposition seulement de quelques affiliés, de quelques adeptes, les inconvénients seront moindres : elle durera ce que dureront les hommes qui l'auront organisée.

Mais si elle est destinée à l'usage de tous, le Maire, représentant légal de l'autorité, et défenseur des droits de tous, ne saurait être écarté.

Telle est, du moins, mon opinion — et elle s'appuie sur une étude approfondie et sur une longue pratique de ces matières. — J'ai vu trop souvent les bibliothèques prétendues populaires aux mains d'exploiteurs politiques, pour ne pas désirer que ces utiles établissements échappent à l'action destructive des partis, *quels qu'ils soient*. Et c'est pourquoi je désirerais aussi que la loi, qui, à n'en point douter, les règlementera un jour, dispose expressément qu'aucun livre de controverse politique ou religieuse ne pourra y être introduit. Il faut instruire les masses par de bons livres de sciences, et non les passionner et les amuser par des écrits politiques ou des romans.

Quant à moi, je serai toujours très-partisan de la création de nouvelles bibliothèques, mais sous la condition que les organisateurs déclareront : (1)

1° Qu'ils ont pour unique objet de mettre les bons livres à la portée de la classe ouvrière ;

2° Pour unique but de propager le goût de la lecture ;

3° Pour unique règle les lois éternelles de la morale ;

4° Pour unique moyen d'action la puissance de l'association mise au service de l'initiative individuelle.

Qu'on ne s'illusionne point trop, au reste, à cet égard : il y aura toujours des illettrés, comme il y aura toujours des pauvres ; c'est la loi fatale des sociétés humaines, et quoique l'on dise et fasse, « les quatre règles et le catéchisme » du grand Frédéric, seront, dans tous les temps et dans tous les pays, la manne la plus usuelle du peuple. Il faut nourrir le corps avant de nourrir l'esprit : le livre ne peut donc venir qu'après l'outil, et les masses — le simple examen des faits le prouve surabondamment — ont, hélas, bien peu de loisirs. Les baisers de la femme, les caresses des enfants, en un mot les réalités de la vie, vaudront toujours mieux pour les déshérités de la fortune que les théories irréalisables les plus subtiles des économistes et des philanthropes. Donc paix au foyer domestique !

L'ordonnance du 22 février 1839, abrogée dans presque toutes ses parties, ne subsiste plus guère que par son article 38, relatif aux comités d'inspection des bibliothèques communales. Mais, en fait, cet article même est abrogé dans la pratique, puisqu'il n'est point uniformément appliqué, et mis partout à exécution. Tout est donc à faire en ceci encore, et une loi, conçue dans l'esprit de notre temps, peut seule assurer la complète réorganisation et le régulier

(1) Programme de la Bibliothèque populaire d'Abbeville.

fonctionnement de l'important service des bibliothèques communales, populaires, ou de circulation.

On n'acquiert le droit que par le devoir. Faire aux autres ce que l'on voudrait qu'il fût fait pour soi sera toujours la meilleure doctrine à inculquer aux hommes que l'amour-propre ou la jalousie excitent à se demander réciproquement :

Quels sont nos droits ?

Quels sont nos devoirs ?

DU BIBLIOTHÉCAIRE.

Sous l'empire de la législation de 1839, les bibliothécaires étaient nommés par le Ministre de l'Instruction publique.

A cette époque, comme l'a dit fort bien le très savant rédacteur du *Répertoire administratif* (Ch. Jourdan, année 1839, p. 265), « le service des bibliothèques publiques était sans règles d'organisation commune ; et, de la sorte, la police de ces établissements, la garde fidèle des richesses qu'ils renferment, l'intelligence et la régularité des acquisitions, la comptabilité enfin, étaient entièrement livrés à la sollicitude spontanée des administrateurs. Cependant, l'importance de ce service, accrue encore par l'institution récente des séances du soir, par les mesures adoptées par l'Administration pour régulariser le dépôt légal, et par la création du système d'échange des doubles et incomplets entre toutes les bibliothèques du royaume, réclamait l'introduction des mesures capables d'en assurer l'ordre, l'ensemble, la régularité. »

L'ordonnance du 22 février 1839 satisfit à ce besoin. — Dans ses deux premiers titres, elle règle tout ce qui concerne les bibliothèques publiques de la capitale. Son titre 3 — le seul dont nous ayons à nous occuper — trace, pour la première fois, des règles aux diverses bibliothèques publiques des départements.

Au nombre des dispositions arrêtées, l'article 41 porte que les bibliothécaires seront nommés par le Ministre de l'Instruction publique, sur la proposition de l'autorité compétente. Il importe de remarquer que malgré les termes généraux de cet article, il ne s'applique pas au cas où une bibliothèque est la propriété d'une commune et entretenue à ses frais. L'emploi de bibliothécaire ne peut être alors considéré que comme un emploi communal, et le droit de nomination, aux termes de l'article 12 de la loi du dix-huit juillet 1837, appartient essentiellement au Maire, qui l'exerce sous sa responsabilité. Cette distinction est établie et reconnue dans un rapport du Ministre de l'Instruction publique, présenté au Roi, et approuvé, que nous reproduisons ci-après en entier :

Rapport au Roi sur les places de Bibliothécaires dans les départements (*Villemain*).

« Sire,

Une difficulté s'est élevée sur l'application du titre 3 de l'ordonnance royale du 22 février 1839, déjà modifié par Votre Majesté dans un point important.

Ce titre 3, qui relate collectivement les bibliothèques publiques des villes, des facultés et autres établissements dépendant du Ministère de l'Instruction publique, dispose :

« Art. 41. — Les bibliothèques sont confiées à un bibliothécaire, et, suivant leur importance, à plusieurs sous-bibliothécaires employés ou surnuméraires.

« Le bibliothécaire, sur la proposition de l'autorité compétente, est nommé par notre Ministre de l'Instruction publique. »

La rédaction de cet article ne peut faire naître aucun doute, lorsqu'il s'agira de la bibliothèque d'une faculté, d'une école secondaire médicale ou d'un autre grand établissement universitaire. Quelle que soit l'autorité compétente pour présenter, la nomination officielle est de plein droit.

Mais s'il s'agit d'une bibliothèque établie dans les bâtiments particuliers d'une ville, fondée, dotée et entretenue par elle, une question plus grave se présente.

Les Maires de deux villes considérables, invoquant le texte de la loi du 18 juillet 1837 sur les attributions municipales, ont récemment adressé des observations contre l'application de l'article 41 de l'ordonnance du 22 février 1839, et ont réclamé le droit, non de présenter, mais de nommer le bibliothécaire de leur ville.

Ce droit, anciennement reconnu par un arrêté du 28 janvier 1803, et souvent exercé par les magistrats des villes, avait été, plus tard, contesté, sans être jamais régulièrement aboli. La loi du 18 juillet 1837, loin d'y porter atteinte, l'avait confirmé. — Elle dit, en effet, art. 12 :

« Le Maire nomme à tous les emplois communaux pour lesquels « la loi ne prescrit pas un mode spécial de nomination. »

Or, si la bibliothèque est la propriété de la commune, et entretenue à ses frais, le soin de la garder ne peut être considéré que comme un emploi communal, et, d'une autre part, nulle loi n'a prescrit, pour cet emploi, un mode spécial de nomination.

Il résulte de ces faits : que la désignation appartient directement au Maire ; que son droit, à cet égard, *doit s'exercer sous sa responsabilité, qui s'applique au choix du bibliothécaire, comme à la conservation même de la bibliothèque*, sauf le contrôle de l'autorité supérieure en cas de négligence ou d'abus.

J'ai donc l'honneur de proposer à Votre Majesté de décider que l'article 41 de l'ordonnance du 22 février 1839 ne fait pas obstacle à ce que le Maire d'une ville ait, sous sa responsabilité, la nomination à l'emploi de bibliothécaire de ladite ville. — (Approuvé par le Roi. — Décision du 2 juillet 1839). »

Depuis lors, nulle contestation ne s'est produite à cet égard, et partout les bibliothécaires communaux sont nommés par les Maires.

La jurisprudence administrative n'admet point qu'un bibliothécaire puisse faire partie d'une commission administrative.

Ainsi, il a été décidé dans ce sens que les incompatibilités prévues par la loi du 21 mars 1831 — aujourd'hui par la loi du cinq mai 1855 (1) — pour les conseils municipaux, sont applicables aux membres des commissions spéciales, et que, dès lors, un employé salarié de la commune, un bibliothécaire par exemple, ne peut faire partie de la commission.

Cette situation, qui fait des bibliothécaires de simples agents municipaux, nous paraît indigne de leur caractère.

Nous n'admettons point qu'un bibliothécaire, parce qu'il touche un traitement, soit considéré comme un mercenaire auquel il est interdit de penser, de parler et d'écrire. Nous le voulons, au contraire, entouré d'estime et de considération.

On voit où tendent surtout nos efforts. Loin de nous la pensée d'amoindrir la personne des Apôtres au profit de Pierre : mais notre esprit se refuse à reconnaître aux membres des comités d'inspection, qui trop souvent sont des amateurs sans savoir bibliographique, le droit d'annihiler le bibliothécaire, et de le réduire à n'être que le docile exécuteur de leurs volontés souveraines.

Qu'ils aient chacun voix délibérative au sein du comité, et toutes difficultés quelconques seront aplanies à l'instant.

La majorité des voix décidera alors les questions d'achat et autres, et comme tous seront considérés, tous aussi seront amis.

Quelques savants demandèrent, un jour, au cardinal Passionei la permission (2) de voir sa célèbre bibliothèque. Ils y remarquèrent les manuscrits les plus rares, mais ils ne purent tirer un mot du bibliothécaire, qui était stupide et ignorant. Le cardinal leur demanda s'ils étaient satisfaits : « Oui, Monseigneur, dit l'un, mais.... — Quoi mais ? — Parlez franchement. — Si la bibliothèque est belle, le bibliothécaire est bien ignorant. — « Monsieur, répondit l'Éminence, la bibliothèque est mon sérail, je la fais garder par des eunuques. »

---

(1) Décision ministérielle, 14 avril 1852. — Conseil d'Etat, 10 mars 1864. *Darnaud.*

(2) Ed. Verdet. — *Histoire du livre en France, t. 1.*

Il ne faut pas qu'un pareil système prévale nulle part en France à l'abri de nos dissensions politiques.

Les bibliothécaires des villes sont souvent des hommes fort âgés. Leurs fonctions ne devraient être cependant ni une retraite, ni une sinécure. Ce service exige des hommes jeunes et robustes, desquels on puisse, sans les surmener, exiger certains travaux, comme par exemple :

1° La publication d'un catalogue annoté des manuscrits et des livres imprimés;

2° La publication d'une notice sur l'origine de la bibliothèque, sur ses accroissements successifs, sur les ressources et les lacunes qu'elle présente, etc ;

3° La recherche persévérante des livres, opuscules, gravures, etc., qui manquent aux collections spéciales ;

4° La confection sur fiches, pour l'usage de la bibliothèque et du public, d'un catalogue général indiquant le degré de rareté des livres, les conditions particulières qui les recommandent à l'attention des savants et des bibliophiles, etc. ;

5° La présentation, à une époque déterminée, d'un rapport d'ensemble sur le service de la bibliothèque ;

6° La rédaction d'une note destinée à porter à la connaissance du public les objets dont s'est enrichie la bibliothèque, par dons ou acquisitions, pendant le trimestre ou le semestre écoulés.

Chaque année, le directeur de la Bibliothèque nationale publie le tableau des dons qui ont été faits à cet établissement. — Nous voudrions qu'une disposition législative prescrivît la même mesure, au moins à l'égard des bibliothèques des villes chefs-lieux de département et d'arrondissement.

Les livres, revues, publications quelconques adressées par la poste à une *Bibliothèque publique* doivent être, sans exception, remis au bibliothécaire. C'est le seul moyen d'assurer la centralisation des envois et leur exacte réception.

Nous n'admettrions donc pas que certains livres fussent, préalablement, reçus et gardés, pendant plus ou moins de temps, par le Maire, par le secrétariat de la Mairie, par un ou plusieurs membres du comité d'inspection, ou par des conseillers municipaux. Ce serait le désordre ou quelque chose d'équivalent.

Au changement, par suite de démission, retraite, ou révocation d'un bibliothécaire, il doit toujours être dressé, entre le sortant et l'entrant, un procès-verbal de récolement des manuscrits, livres, papiers appartenant à la bibliothèque.

Ce récolement, qui ne se fait presque jamais avec soin, serait surtout utile lors du décès d'un bibliothécaire, et il serait même indispensable de le faire alors d'urgence, dans les trois jours, par exemple, afin de pouvoir, en cas d'absence de livres ou objets, les réclamer, par toutes les voies légales, à la succession du défunt, dût-on, pour y parvenir, faire apposer les scellés sur les livres et papiers à son usage personnel.

Ici se place une question bien controversée, bien sujette à controverse, et qui, quoiqu'on légifère, donnera toujours lieu, suivant le tempérament des hommes chargés de l'interpréter, et les influences locales, à des froissements entre le bibliothécaire et les membres du comité d'inspection.

Il s'agit de l'emploi à faire des fonds alloués à la bibliothèque pour achat de livres.

Dans les bibliothèques des grandes villes, l'on achète souvent sur prospectus et sur catalogues, mais souvent aussi, l'on achète de la main à la main, ou aux libraires qui ont la spécialité des livres anciens, et alors sur catalogues à prix marqués. Dans ce dernier cas, les achats doivent être prompts; il faut les faire de suite, par lettres et même par télégrammes; et, nécessairement, c'est au bibliothécaire qu'incombe ce soin, à l'exclusion des membres du comité d'inspection. Mais dans quelles limites le bibliothécaire peut-il faire ces sortes d'achats? Quelle doit en être la nature?

Les bibliothécaires des grandes villes, qui sont presque tous des savants, ont peut-être trop de préférence pour les livres rares, les incunables, etc. — D'autres s'acharnent — cette expression n'est point exagérée — après les manuscrits, les gravures, tandis que certains de leurs confrères les négligent complétement. Quelques-uns, beaucoup même, font les acquisitions de ce genre, plutôt en vue de leurs travaux personnels qu'en vue de l'intérêt public. Pour tempérer ces défauts inhérents à la nature humaine, et pour éviter jusque-là l'ombre d'un conflit, il serait bon, croyons-nous, de fixer la somme que le bibliothécaire pourrait ainsi employer, chaque année, sans contrôle, et même de faire déterminer par le Maire, après avis du comité d'inspection, le genre de livres par exemple, que le bibliothécaire devrait, en cours d'année, rechercher de préférence dans les ventes publiques et chez les libraires.

Il est bien entendu qu'au cas où une offre de cession de nombreux volumes serait faite au bibliothécaire, il devrait en référer immédiatement au maire, qui apprécierait l'urgence de réunir immédiatement le comité d'inspection.

Quant à la partie principale des fonds alloués à la bibliothèque, ils devraient toujours, selon nous, être employés d'un commun accord entre le bibliothécaire et les membres du comité, tous et chacun ayant pour ceci voix délibérative.

Il faut réserver pour les grandes villes les collections de manuscrits, d'incunables, de livres rares et de haute curiosité.

Dans les petites localités, la bibliothèque doit être, avant tout, populaire.

Or, ici, la question d'achat est simplifiée. Ce qu'il faut admettre surtout — je dis surtout, car je ne suis point exclusif — dans ces bibliothèques, ce sont :

« De bons livres propres à entretenir les sentiments généreux, à répandre les notions utiles, et faire aimer le travail.

« Des ouvrages sains de pensées et de forme, enseignant par des exemples et des écrits le respect de la loi, l'amour du pays, le sentiment du devoir ; tout ce qui élève l'esprit, en un mot, et rapproche l'âme de son créateur.

« Des traités renfermant des conseils profitables à l'ouvrier des champs ou de la ville, à quelque industrie qu'il appartienne, et des renseignements dont chacun profitera pour tirer un parti meilleur de son travail, apporter plus de bien-être au foyer domestique, et s'élever dans sa condition. » (1)

C'est aux bibliothécaires qu'il appartient de surveiller l'admission des livres dans les dépôts publics. Ils sont chargés, à cet égard, d'une sainte mission, qu'ils doivent remplir persévéramment avec zèle et avec fermeté.

On doit éviter notamment d'introduire dans les bibliothèques populaires cette littérature malsaine qui vit de scandale, ou qui, suivant l'exacte expression du Ministre dont je viens de citer les paroles, « jette l'esprit au milieu d'aventures et d'idées qui ne « sont ni de notre temps, ni de nos mœurs. »

Qu'on répande à profusion, parmi les classes laborieuses, de petits traités industriels, de bons livres en tous genres, c'est fort bien, et l'on ne peut qu'y applaudir; mais que, sous prétexte d'instruire le peuple, on n'aille pas surtout lui enlever ses dernières croyances et ses dernières pudeurs !

---

(1) Circulaire du Ministre de l'instruction publique, en date du 8 octobre 1867.

DU MAIRE

En sadite qualité et comme président du Comité d'inspection de la Bibliothèque.

—

Le maire — a dit un jour au Sénat (1) le rapporteur d'une pétition — a dans le Conseil municipal une mission, des droits et des attributions qui diffèrent de ceux des autres conseillers. Il y représente l'État, l'ensemble du pays, l'intérêt général, en présence des conseillers, simples organes de la localité, des besoins d'une fraction minime de la nation.

Dès lors, comme l'a fort bien remarqué un éminent jurisconsulte de nos amis (2), si dans notre pays les fonctions publiques, et celles exercées par les maires en particulier, sont justement considérées, il n'en n'est pas moins vrai que l'homme investi de ces fonctions est constamment exposé aux attaques presque toujours les plus imminentes, et qu'il est obligé de vivre, quelque élevés que puissent être ses sentiments, dans une atmosphère de passions, de rancunes et souvent de haines, qui se traduiraient par des attaques incessantes, rendant ces fonctions presque impossibles, si elles n'avaient été entourées par le législateur de garanties efficaces.

La loi, la jurisprudence et la pratique administratives sont d'accord pour attribuer au maire seul le droit :

(1) 3 janvier 1868.

(2) G. Deshaires, *Traité de l'administration départementale et communale.* Paris 1866, in-8°, pages 114-115.

1° De prendre des arrêtés pour réglementer (1) les conditions d'admission et de prêt des livres dans les bibliothèques communales.

2° De fixer les vacances de ces bibliothèques.

Toutes les bibliothèques ont des vacances; c'est là un principe admis partout sans contestation.

Ces vacances correspondent habituellement aux vacances scolaires. Elles sont même prévues par l'art. 37 de l'ordonnance du 22 février 1839 (2) sur les bibliothèques publiques, ainsi conçu :

« Tous les ans, *à l'époque des vacances* (des bibliothèques des « villes), l'état des acquisitions sera adressé à notre Ministre de « l'instruction publique pour être annexé au grand livre des bi- « bliothèques de France. »

Dans toutes les villes qui possèdent des bibliothèques publiques, c'est le Maire, qui, par un règlement général, fixe les époques et la durée des vacances. Il tient ce droit du pouvoir que lui confèrent les lois des 16-24 août 1790, — titre XI, art. 3 et 4 — 19-22 juillet

---

(1) Voir spécialement l'art. 42 de l'ordonnance du 22 février 1839, ainsi conçu : « *Tous règlements des autorités locales sur le service public*, l'éta- « blissement du service de nuit, et les fonds affectés aux dépenses du per « sonnel, du matériel et des acquisitions, sont adressés au Ministère de « l'instruction publique, et y restent déposés. »

(2) Il est également parlé *des vacances* des bibliothèques en divers autres endroits de cette ordonnance.

Notons en passant qu'en parlant des bibliothèques de Paris, M. Maurice Block s'exprime ainsi dans son *Dictionnaire de l'Administration française* (Strasbourg 1856, grand in-8°, page 192, première colonne) : « Elles sont « ouvertes *tous les jours, excepté les dimanches et fêtes*, et leurs vacances, ré- « glées chaque année par le Ministre de l'instruction publique, d'après l'art. « 32 de l'ordonnance du 22 février 1839, sont combinées de manière à ce que « ces grands établissements ne soient jamais tous fermés à la fois. »

1791, — titre 1er — et 18 juillet 1837, sur la police et l'administration communales, notamment de l'art. 10, paragraphes 2 et 3, ainsi conçus, de la dernière de ces lois :

« Le Maire est chargé de la CONSERVATION et de L'ADMINISTRA-« TION des propriétés de la commune, et de la SURVEILLANCE des « établissements communaux. »

Aux termes de l'art. 15 de la même loi, « le Maire prend des « arrêtés à l'effet (1) d'ordonner les mesures locales sur les objets « confiés par les lois à sa vigilance et à son autorité » et l'art. 14 reconnaît « qu'il est *chargé seul de l'administration.* »

La même loi (art. 17, § 10) n'attribue aux conseils municipaux que le droit de régler *le mode d'administration* des biens communaux.

Ils sont appelés, en outre, (art. 19) à *délibérer sur tout* ce qui concerne *la conservation et l'amélioration* des propriétés communales. Ils peuvent aussi (art. 24) exprimer un vœu sur tous les objets d'intérêt local.

Cette question paraît avoir échappé jusqu'ici à la discussion. On ne trouve, en effet, dans les recueils administratifs *aucune décision* qui soit intervenue pour la régler.

Voici, toutefois, ce que nous trouvons dans le célèbre *Formulaire municipal* de Miroir (Grenoble 1828, t. 2, p. 123), qui a, en quelque sorte, créé la pratique de l'Administration française.

---

(1) Il est bon de rappeler, à cet égard « que le droit de faire des arrêtés ou règlements de police est conféré au Maire seul » et que les conseils municipaux n'ont donc pas à s'immiscer dans les arrêtés à prendre pour réglementer la police communale. Ils peuvent seulement exprimer un vœu à cet égard, comme sur tout autre objet d'intérêt local (loi du 18 juillet 1837, art. 24), sauf aux maires à prendre ou non ce vœu en considération, suivant qu'ils le jugent à propos. (Ch. Berriat Saint-Prix, substitut du Procureur général près la Cour impériale de Paris : *Manuel de police judiciaire et municipale* — 3e édition, 1856, in-12, page 240).

« Le Maire *règle par un arrêté* les attributions du bibliothécaire,
« et fixe l'ordre qui doit être observé dans la bibliothèque, soit
« pour les jours d'ouverture publique, soit pour les heures de lec-
« ture particulière. Il y a un temps de vacances : ce temps de va-
« cances concorde presque toujours avec celui des collèges. »

Un comité d'inspection de bibliothèque s'occuperait donc de *choses étrangères à ses attributions, et ferait acte d'administration*, par exemple s'il s'arrogeait le droit de réglementer la bibliothèque, de donner des ordres au bibliothécaire, de fixer l'époque des vacances, etc. Ces sortes de comités n'ont été créés, nous le répétons encore, que pour donner des avis.

DU COMITÉ D'INSPECTION.

Voici l'interprétation que M. Maurice Block a donnée dans son *Dictionnaire de l'Administration française* (Strasbourg 1856, p. 427) du mot *Comité* :

« COMITÉ, dit-il, vient du mot anglais *committee* (lat. *committere*). C'est un des emprunts que l'on fit à l'Angleterre, à la fin du siècle dernier, lorsqu'on introduisit chez nous le système représentatif. *Comité* fut d'abord appliqué aux grandes sections que l'Assemblée constituante de 1789 forma dans son sein pour l'examen préparatoire des affaires, et qui correspondaient aux principales branches du service public. En 1793, ce même mot désignait les conseils chargés du Gouvernement, et, en 1848, l'Assemblée constituante en fit le même usage que sa devancière. Mais, en général, *comité* s'emploie, comme *chambre*, pour désigner des assemblées permanentes, peu nombreuses et délibérant à huis-clos. Leurs attributions consistent à examiner les questions qui leur sont soumises par l'Administration, et à émettre des avis motivés ; c'est ainsi que procèdent notamment le *Comité consultatif des arts et manufactures*, celui *des colonies* et *les comités consultatifs* des différents services de la guerre. »

Les comités d'inspection des bibliothèques communales sont dans ce cas. L'ordonnance du 23 février 1839, qui les a créés, définit ainsi leurs attributions :

« Article 38. — Il sera établi par notre Ministre de l'Instruc-
» tion publique, dans toutes les villes qui possèdent une biblio-

« thèque, sous la présidence du Maire, un comité d'inspection de « la bibliothèque et d'achat des livres, qui déterminera l'emploi « des fonds consacrés aux acquisitions, la confection des cata- « logues, les conditions des échanges proposées. »

La Société Franklin (*Bulletin* 1868, n° 5, p. 76), qui, d'ailleurs, comme elle le dit, « ne donne que des avis, » s'exprime ainsi à cet égard :

« Attribution à ce comité du droit d'examiner les ouvrages offerts, de décider les acquisitions, de surveiller la gestion des fonds.

« Répartition entre les membres de ce comité des fonctions spéciales que comporte l'administration de la bibliothèque. A côté du *Président*, chargé de la direction générale, il faut un Secrétaire, un *Bibliothécaire*, un Trésorier. »

Notons ici que cette dernière répartition de fonctions ne peut être applicable qu'aux bibliothèques privées, créées en dehors de toute action gouvernementale, car pour les motifs que nous avons énumérés précédemment, le conservateur d'une bibliothèque communale n'a que voix *consultative* au sein du comité. Il assiste à ses réunions, mais il n'en fait point partie. — Les comités d'inspection de ces bibliothèques n'ont, au reste, *aucun droit d'administration*.

A Amiens, où il existe une bibliothèque considérable, fort bien administrée, le règlement répartit ainsi les attributions du bibliothécaire et du comité :

« Le conservateur est chargé de la direction et de la surveillance de l'établissement. Il est de service pendant toute la durée des séances. Il fait exécuter les reliures quand il le juge utile, et sans autorisation préalable. L'acquisition des livres a lieu par ses soins, sur l'avis du comité d'inspection. IL PRÉSENTE UNE LISTE A CE COMITÉ, CHACUN DES MEMBRES PRÉSENTE LA SIENNE, ET APRÈS DISCUSSIONS, LE CHOIX EST FIXÉ. Il tient procès-verbal de la séance, et fait venir les ouvrages choisis. »

C'est de cette façon que nous voudrions voir déterminer partout les attributions du bibliothécaire et des membres du comité d'inspection.

Le comité d'inspection devrait être encore chargé :

1° D'assurer l'exécution du règlement ;

2° De procéder, de concert avec le bibliothécaire, au récolement des livres et manuscrits ;

3° De proposer, toujours avec le concours du bibliothécaire, toutes les mesures propres à la conservation et au développement des collections ;

4° De contrôler et de vérifier les comptes administratifs du bibliothécaire.

Sans doute, il faut bien se garder de faire aux comités d'inspection des bibliothèques une situation amoindrie jusqu'au ridicule, mais il faut aussi, et plus encore, éviter tout ce qui tendrait de sa part à faire acte d'administration.

Ces comités ne sont point et ne peuvent être de simples contrôleurs chargés de prononcer sur la régularité ou l'irrégularité des actes accomplis. Ils sont associés intimement au gouvernement de la bibliothèque, et doivent, dès lors, connaître tout ce qui la concerne. Nous n'admettrions donc pas non plus qu'on les tînt à l'écart par voie de suspicion. Ils doivent être consultés, autant que possible, sur toutes les affaires qui intéressent le service de l'établissement, mais sans préjudice pour l'autorité et la dignité du bibliothécaire, qui doit toujours, suivant l'expression pittoresque d'un bibliothécaire de nos amis, *rester maître du terrain*.

Au congrès scientifique tenu à Bordeaux au mois de septembre 1861, M. le comte Alexis de Chasteignier a parfaitement démontré *la nécessité d'établir des commissions auprès des musées et des bibliothèques publiques, pour en assurer la conservation, les accroître, et présider à la restauration des objets d'art*. C'est aussi ce qu'a souvent réclamé dans les autres congrès de France, notre ami, et notre maître en archéologie, le regretté M. de Caumont.

C'est ce que fréquemment nous avons, nous-même, par la voie de la presse et au congrès international d'histoire et d'archéologie d'Anvers, de 1867, demandé hautement, persévéramment, énergiquement, dans l'intérêt des richesses accumulées sans ordre, trop souvent, dans nos bibliothèques, dans nos archives et dans nos musées de province.

Nous espérons que la future loi qui règlementera ces sortes d'établissements publics prescrira l'organisation auprès de chacun d'eux d'un comité d'inspection qui se renouvellera *périodiquement* et *régulièrement*.

Il n'y a pas d'autres moyens, dans certaines régions, de sauver de l'incurie des collections entières. Le bibliothécaire, dont nous voudrions voir la position consolidée et rehaussée, n'a point assez d'indépendance pour résister à l'influence, quelquefois néfaste, du Maire, dont il relève. Une commission le peut ; il est des cas où son existence seule fera obstacle à des propositions insolites. Nous ne citerons qu'un fait pour l'édification de ceux qui doutent de tout.

Il y a huit ou dix ans, le maire d'une ville importante du midi de la France céda, au prix de 1800 francs, à la bibliothèque communale, un grand ouvrage d'anatomie qu'il avait acheté pour son usage personnel. Il n'y avait pas à cette époque, et il n'y a point encore aujourd'hui, auprès de cette bibliothèque, de comité d'inspection, mais un simple conservateur, très-honnête homme, très-doux, très-craintif même, mais fort intelligent, qui, avec ses intimes — et nous étions du nombre — maugréait quelquefois en cachette contre cette acquisition que le Maire lui avait imposée, acquisition qui ne pouvait être d'aucune utilité à la bibliothèque, et qui en absorba la dotation pendant plusieurs années. Mais que pouvait faire ce cher homme, dans un temps surtout où près de certaines individualités politiques il fallait surveiller jusqu'à son ombre !...... Il se tût et bien lui en prit. Le Préfet d'alors, une de ces monstruosités administratives qui gouvernent en partisans, connut l'affaire, et sous prétexte d'intérêt politique, défendit formellement qu'on s'en occupât. Nous aimons à croire que les choses se fussent passées autrement s'il y avait eu un comité d'inspection établi auprès de cette bibliothèque.

Dans d'autres villes, l'absence de comité, ou sa mauvaise composition, a fait faire des échanges et des aliénations qu'on a depuis amèrement regrettées.

Le bibliothécaire devrait être partout un savant, avons-nous déjà dit. Nous voudrions que les membres des comités d'inspection fussent tous aussi des hommes lettrés. Dans ces conditions, les conflits d'attributions seraient moindres, car rien n'est tant à redouter pour un bibliothécaire que des voisins ignares, prétentieux et, en même temps, plus indépendants que lui.

Dans l'état actuel de la législation, c'est au Maire à proposer les membres du comité d'inspection. Vaudrait-il mieux que ce choix fût fait par le conseil municipal ? — Les influences politiques domineraient peut-être, dans ce cas, les intérêts de la science, ce qui serait éminemment regrettable. D'un autre côté, les considérations qui font prévaloir les choix du Maire touchent elles-mêmes souvent de bien près à la politique. Aussi, et sans méconnaître les inconvénients de tous genres qui résultent des *choix faits par plusieurs*, les préfèrerons-nous toujours aux *choix faits par un seul*, quel qu'il fût. A tort ou à raison, il nous semble qu'ils présentent, en général, de plus sérieuses garanties d'impartialité. — Tout au moins, il y a eu débat ; les candidats ont pu être entendus ; ils ont pu exposer les titres qui les recommandent aux suffrages des conseillers, et quand un jugement intervient à la suite d'une enquête de ce genre, il n'y a plus, pour tous, qu'à s'incliner, et qu'à respecter la décision prise.

De combien de membres doit se composer le comité d'inspection des bibliothèques ?

Il n'y a point de règles à cet égard, mais l'usage a prévalu de les composer de 5, 6 ou 7 membres.

La Sociét Franklin propose (*Bulletin* 1868, n° 5, p. 76) de les « former de cinq à neuf membres. »

L'importance de la bibliothèque, les nécessités du service, sont autant de causes déterminantes du nombre de personnes à appeler à ces délicates fonctions.

L'ordonnance du 22 février 1839, dont j'ai rapporté le texte ci-dessus, attribue la nomination des membres du comité d'inspection des bibliothèques au Ministre de l'instruction publique. Cette ordonnance a été rendue, il ne faut point l'oublier, dans un temps où les bibliothèques étaient peu nombreuses. Je pense donc qu'il conviendrait de rapporter certaines de ses dispositions, et de décider, notamment, que les membres de ces comités seront dorénavant nommés par le Préfet, sur la présentation d'une liste de 3 candidats, par chaque vacance à remplir.

La décentralisation, inféconde pour le bien en matière politique, est très à désirer quand il ne s'agit, comme dans l'espèce, que de contrôler un service exclusivement municipal.

De quelles catégories de personnes doivent se composer les comités d'inspection des bibliothèques communales ?

Évidemment de personnes notoirement connues pour se livrer à l'étude, de bibliophiles, de savants, de publicistes. — Comme elles sont généralement en assez petit nombre partout, l'opinion publique les désigne naturellement au choix des maires. Selon nous, les membres de ces comités devraient être pris parmi les notables résidant dans la cité, à l'exclusion des conseillers municipaux. Nous sommes peu partisan, en principe, des hommes qui occupent des fonctions multiples : ils ne peuvent que les remplir fort mal. Nous voyons, en outre, de sérieux inconvénients à confier les fonctions de membre d'un comité d'inspection de bibliothèque à un homme que la confiance de ses concitoyens a investi déjà du mandat de conseiller municipal, parce que, dans ce cas, il peut devenir juge et partie dans sa propre cause.

Supposons, en effet, qu'un conflit d'attributions, d'intérêt, que sais-je — il s'en présente quelquefois — s'élève entre le bibliothécaire et le comité d'inspection, et que ce conflit soit porté devant le Conseil municipal. Que fera, en cette occurrence, le membre du comité qui sera en même temps conseiller municipal? S'abstiendra-t-il de voter? Et s'il vote, ne sera-t-il point enclin — l'homme est lâche vis à-vis de ses semblables — à faire pencher la balance du côté de ses collègues du Conseil municipal et du comité au détriment du bibliothécaire, seul contre tous, et facile à désarmer?...... Voilà une raison, entre vingt, qui nous fait désirer que la future loi sur les bibliothèques communales exclue les conseillers municipaux des comités d'inspection de ces établissements.

Les inconvénients de ce genre sont plus graves encore lorsque le comité d'une bibliothèque se compose entièrement de personnes qui sont en même tempo membres du Conseil municipal, et qui, de plus, ont été choisies par leurs propres collègues.

Dans ces conditions, la situation du bibliothécaire ne serait point tenable en cas de conflit, et ce conflit peut naître d'un rien aggravé intentionnellement par le comité lui-même.

D'où nous concluons de nouveau que, dans aucun cas, les conseillers municipaux ne devraient faire partie des commissions administratives des bibliothèques.

Des comités ainsi composés constitueraient, au reste, de véritables *commissions permanentes*, prises au sein des conseils municipaux.

Or, d'après la jurisprudence constante du Conseil d'Etat, cette formation de commissions permanentes est contraire à l'esprit de la loi; elle tend à placer l'administration entre les mains du Conseil municipal, tandis que, selon la loi du 18 juillet 1837, art. 4, qui a maintenu le principe établi en 1800, l'administration appartient exclusivement au Maire, qui peut en déléguer certaines parties à ses adjoints ou à des conseillers municipaux.

Les commissions formées dans le sein des conseils municipaux ne peuvent donc — dit une circulaire du Ministre de l'intérieur, du 19 juillet 1838 — avoir d'autre mission que de préparer un travail sur un objet déterminé, et leur existence est limitée à la décision que le Conseil municipal prend par suite du rapport que lui présente la commission.

Les décisions du comité d'inspection des bibliothèques sont-elles définitives ? — Dans la pratique elles le sont presque toujours. Mais, il faut se placer dans l'hypothèse qu'un conflit peut survenir entre le Maire président du comité, et le comité lui-même, à propos, par exemple, d'un achat de livres politiques, religieux ou autres. Dans ce cas, nous pensons que le procès-verbal de la séance du comité devrait, ne fût-ce que par convenance, être présenté à l'arbitrage du Conseil municipal, et que la délibération prise par cette assemblée devrait, ensuite, être soumise à l'approbation ou à l'improbation du Préfet.

Nous pensons de même que la délibération prise, à cet égard, par un Conseil municipal devrait être annulée par le Préfet, si cette assemblée s'occupait, à l'occasion d'un conflit, de choses étrangères à ses attributions.

Heureusement, les conflits entre maire, bibliothécaire, conseils municipaux sont rares, et quand ils se produisent, *les tendances regrettables de certaines assemblées délibérantes les ont toujours provoqués.*

Quant à la durée des fonctions des membres des comités d'inspection des bibliothèques communales, nous pensons qu'elle ne devrait jamais excéder cinq ans ; que leurs membres devraient, en outre, se renouveler par cinquième d'année en année, avec faculté de représentation des mêmes personnes à l'expiration de leur mandat. L'heure n'est plus aux secrétaires et aux membres *perpétuels.* On pourrait même attribuer le titre de *membre honoraire* à ceux des membres de ce comité que l'âge, les infirmités ou tout autre cause obligerait à remplacer dans l'intérêt du service.

DU CONSEIL MUNICIPAL.

—

Pour mieux poursuivre notre argumentation, nous avons, dans le chapitre précédent, traité en même temps des attributions des conseils municipaux par rapport aux bibliothèques communales. Il nous reste à dire que si, dans des conflits de ce genre, les membres d'un conseil municipal donnaient leur démission collective ou partielle, et s'il était établi que ces démissions fussent le résultat d'une coalition, d'un concert frauduleux, ils seraient passibles des peines édictées par l'article 126 du code pénal, et pourraient être déclarés coupables de forfaiture, et punis de la dégradation civique.

Nous n'avons plus guère, maintenant, à ajouter ici que quelques indications de détail.

Les conseils municipaux peuvent voter un crédit sur les ressources communales pour l'achat de livres destinés à former une bibliothèque, et pour abonnement à des publications administratives. Mais ces sortes de dépenses sont de celles qu'on nomme *facultatives*. Elles ne sauraient dès lors être inscrites d'*office* au budget des communes.

Il n'en n'est pas de même du traitement du bibliothécaire. Cette dépense ayant le caractère *obligatoire*, le Préfet — en Conseil de

Préfecture — pourrait l'inscrire d'*office* à un budget communal, si, après mise en demeure, le Conseil municipal refusait de nouveau de la voter.

Dans la plupart des localités, les conseils municipaux se bornent à voter en session de mai les crédits d'usage pour traitement du bibliothécaire et achat de livres, et laissent au Maire et au bibliothécaire l'administration absolue de la bibliothèque. Des conflits n'ont eu lieu jusqu'ici, et ne sont à craindre que dans les localités où les passions politiques et religieuses sont ardentes. Les conseils municipaux pèsent alors, et souvent avec violence, non-seulement sur le choix du bibliothécaire, mais encore sur le choix des livres.

Au MAIRE, la nomination du bibliothécaire, la présidence du comité d'inspection et l'administration de la bibliothèque.

Au BIBLIOTHÉCAIRE, la garde fidèle et la sage direction de la bibliothèque.

Au MINISTRE DE L'INSTRUCTION PUBLIQUE, la nomination, sur proposition du Maire, des membres du comité d'inspection.

Au COMITÉ D'INSPECTION, l'étude des questions concernant le service de la bibliothèque.

Au CONSEIL MUNICIPAL, le vote des fonds et l'émission des vœux.

Tels sont rigoureusement les droits et les devoirs de *tous* et de *chacun*.

« *Dura lex, sed lex* ! » dirons-nous avec le droit romain. C'est, en effet, le cas de rappeler ici cette vieille maxime juridique, et de répéter avec l'expérience des siècles : que c'est en n'exagérant rien, et en se conformant le plus scrupuleusement possible à *la lettre* et à *l'esprit* des lois, que, de part et d'autre, l'on peut le mieux remplir, avec plus d'autorité et de convenance, ses devoirs de fonctionnaire et de citoyen.

RÉSUMÉ.

Nous venons de résumer et de commenter toute la législation et toute la jurisprudence relatives aux bibliothèques publiques. Nous avons signalé les lacunes et les défectuosités de cette législation ; nous avons montré les conflits qui pouvaient et devaient nécessairement se produire quelquefois à l'abri d'une législation vicieuse. Nous avons, enfin, en plusieurs endroits de notre travail, émis le vœu qu'une future loi réglemente dans toutes ses parties l'important service des bibliothèques communales, populaires et autres.

Il ne nous reste plus qu'à grouper successivement plusieurs vœux que nous recommandons à l'attention particulière des bibliothécaires et des municipalités.

1° Nous voudrions que les bâtiments affectés aux bibliothèques fussent complétement isolés et construits de telle sorte, que, en cas d'incendie, le feu ne puisse communiquer d'une salle à une autre salle.

2° Nous voudrions que la salle principale fût spacieuse, et que, autour d'elle, convergeassent d'autres salles plus petites, correspondant, autant que possible, à chacune des grandes divisions de la science bibliographique.

3° Nous voudrions spécialement qu'une de ces petites salles fût réservée aux écrivains locaux ; une autre à l'exposition permanente des produits les plus remarquables de la xylographie, de la typographie, de la lithographie, du clichage, etc.

4° Nous voudrions aussi que la grande salle fût ornée des bustes en marbre, ou au moins des portraits peints ou gravés des célébrités et notabilités locales.

5° Nous voudrions aussi que les manuscrits et les objets les plus précieux de ces dépôts fussent renfermés dans des meubles construits de telle façon, qu'en cas de sinistre, on puisse en opérer facilement le sauvetage.

6° Nous voudrions, enfin, que, partout, le bibliothécaire logeât le plus près possible des livres dont la garde lui est confiée.

Nous trouvons dans *la Correspondance* de Napoléon Ier, sous la date du 6 février 1805, une lettre relative à la Bibliothèque impériale. Elle nous semble mériter d'être reproduite :

« Le Ministre de l'Intérieur est invité à veiller à ce que le fond spécial accordé à la Bibliothèque impériale pour l'an XIII soit employé à acheter tous les bons ouvrages français qui ont paru depuis 1785 et qui manquaient à la collection.

« Beaucoup d'autres ouvrages anciens ou modernes y manquent également, tandis qu'ils se trouvent dans les bibliothèques publiques de Paris et des départements. Il faudrait en faire dresser l'état, et les faire prendre dans ces établissements, auxquels on donnerait en échange les ouvages qu'ils n'ont pas, et dont la Bibliothèque a des doubles. Il doit résulter de cette opération, si elle est bien faite, que, lorsqu'on ne trouvera pas un livre à la Bibliothèque impériale, il sera certain que cet ouvrage n'existe pas en France.

« Le déplacement des objets à tirer des autres bibliothèques pour l'exécution de cette mesure, ainsi que celui des livres à donner en échange, n'aura lieu que lors de l'établissement définitif de la Bibliothèque au Louvre. »

Si, par suite de la complète organisation administrative de la France, le vœu de l'Empereur n'est plus réalisable, au moins faut-il désirer que les conservateurs de nos grands dépôts littéraires s'inspirent de sa noble pensée, et s'efforcent de combler au plus tôt les vides, souvent si regrettables, qui existent encore dans toutes les séries.

Le libraire François, parlant en 1863, dans son *Chasseur bibliophile*, de livres que la ville de Valenciennes allait faire vendre aux enchères, s'exprimait ainsi :

« Nous désirons que cette mesure trouve des imitateurs et que les villes qui possèdent des doubles les fassent également vendre aux enchères publiques, le plus sûr moyen d'en retirer un parti avantageux.

» Formons aussi des vœux pour que le produit de ces ventes serve à d'autres acquisitions, et remplisse les lacunes regrettables que l'on remarque dans presque toutes les bibliothèques de province. N'est-il pas temps, d'ailleurs, que les villes sortent de leur engourdissement à l'égard des dépôts publics, et trouvent les moyens de donner à ces dépôts une nouvelle vie, plus en rapport avec les progrès des lumières, en y introduisant des ouvrages indispensables pour les besoins de beaucoup de localités ? — Nous ajouterons que cette méthode de vendre les doubles est, selon nous, la plus prompte et la plus lucrative, lorsqu'elle est faite avec discernement, et qu'elle est bien préférable aux échanges entre les bibliothèques de diverses villes, mesure qui entraîne des longueurs de tous genres, et dont le résultat ne satisfait personne.

« C'est là encore un vœu que nous émettons de tout cœur. »

Nous ajoutons même que nous voudrions que ces ventes ne puissent avoir lieu qu'à Paris, seul et unique bazar du bric-à-brac pour les livres et pour les curiosités de tous genres.

Un jour, le 1er août 1862, à la séance publique annuelle de l'Académie des Inscriptions et Belles-Lettres, le très-savant M. Alfred Maury, rapporteur de la *Commission des Antiquités de la France*, dut faire ce navrant exposé :

« Le concours de cette année et celui des années précédentes nous montrent que les érudits de nos départements participent dans une mesure fort inégale au mouvement général des études historiques. On a depuis un quart de siècle singulièrement accéléré les moyens de locomotion, mais la science semble ne pas avoir profité de ce progrès. Les découvertes de l'archéologie ne se propagent que lentement. Bon nombre d'années s'écouleront encore avant que les principes de la méthode scientifique, que l'habitude de ne traiter un sujet qu'après en avoir reconnu toutes les avenues, soient entrés dans la circulation universelle, avant que les travaux des maîtres s'imposent aussitôt qu'ils se produisent. »

Et il ajoutait :

« On réussit souvent à bien connaître une ville ou une époque dans laquelle on se cantonne ; mais, faute d'avoir embrassé dans ses études ce qui se rencontre dans le pays voisin, à l'âge antérieur, on se laisse entraîner à des généralisations hasardées ; on se méprend sur les styles ; on s'égare dans l'appréciation des causes. — Quand on jette les yeux sur les citations placées au bas des pages de tant de livres et de manuscrits, on s'aperçoit que les auteurs ne sont pas familiarisés avec les autorités qu'ils invoquent ; qu'ils en ignorent les meilleures éditions ou n'en n'ont pas toujours consulté les originaux. »

Cette insuffisance notoire des ouvrages historiques et littéraires entrepris et exécutés en province tient à une cause unique : à l'ignorance où sont beaucoup d'écrivains, qu'il a déjà été publié, soit en France, soit à l'Étranger, des travaux analogues, et souvent supérieurs aux leurs. Des connaissances bibliographiques étendues sont donc indispensables à qui veut savoir bien et beaucoup. — « Connaître ses auteurs, » n'est-ce point, en effet, le secret de toute science ? D'où nous concluons à la nécessité de créer des cours sérieux de bibliographie.

Projet de Règlement d'une Bibliothèque communale.

On lit dans la préface du *Dictionnaire des Formules*, de M. Paul Dupont :

« La rédaction des actes les plus simples en apparence demande souvent beaucoup de temps et de travail aux administrateurs, même les plus expérimentés, parce qu'il faut consulter préalablement la législation qui s'y rapporte et remplir les nombreuses formalités qu'elle a prescrites. »

Cette observation est très-exacte. Nous avons même constaté que presque tous les règlements des bibliothèques communales sont incomplets, informes, ou renferment des dispositions contraires aux lois. Nous avouons aussi ne pas en avoir rencontré un seul qui fût satisfaisant. Les projets de règlement donnés par « la Société Franklin, » et par les savants rédacteurs du « Dictionnaire des Formules, » sont également défectueux. Ainsi, pour ne citer qu'un exemple, ce dernier modèle attribue au Comité le droit de nomination du bibliothécaire, droit qui n'appartient qu'au Maire.

La Société Franklin, de son côté, propose d'établir une amende de 5 à 10 centimes par semaine de retard contre tout lecteur qui n'aurait pas rapporté son livre à l'expiration du délai fixé, et cette clause a été insérée dans plusieurs règlements. Mais, outre que cette pénalité me paraît peu convenable, je ne vois pas de quelle façon l'on pourrait contraindre un lecteur, dont l'abonnement n'est point expiré, à payer une amende. Qu'on lui rappelle, itérativement s'il le faut, qu'il a dépassé le délai de rentrée du livre ; qu'on le lui envoie chercher, si le livre est demandé ; qu'à l'expiration de l'abonnement on refuse de le lui renouveler, s'il est habituellement négligent, je le comprends, mais je ne crois pas qu'un comité puisse décemment infliger des amendes pour ces sortes de choses, et légalement les faire recouvrer.

En présence de ces inexactitudes, nous avons emprunté aux nombreux documents que nous avions réunis les dispositions qui nous ont paru devoir être les plus nécessaires à introduire dans un règlement général. Du tout, nous avons fait un ensemble, qui, longtemps élaboré, est devenu le projet que nous soumettons ici humblement aux intéressés. Nous avons eu déjà la satisfaction de voir ce projet adopté en entier par plusieurs administrations municipales.

ARRÊTÉ MUNICIPAL

PORTANT RÈGLEMENT POUR LA BIBLIOTHÈQUE COMMUNALE.

Nous, Maire de la ville de........

Vu les lois des 16-24 août 1790; — 17, 18, 19, 22 juillet 1791; — 5 mai 1855 (art. 23);

Vu la loi du 18 juillet 1837;

Vu l'ordonnance du 22 février 1839, concernant le service des bibliothèques publiques,

ARRÊTONS :

CHAPITRE Ier.

Personnel de la Bibliothèque. — Sa nomination. — Ses devoirs.

Article 1er. — Le personnel de la bibliothèque se compose de :

1° d'un bibliothécaire;

2° d'un sous-bibliothécaire. — Ils sont nommés par nous.

Art. 2. — Le Bibliothécaire est chargé :

De la correspondance;

Des rapports avec l'autorité municipale et le comité d'inspection;

De la garde et soigneuse conservation, sous sa responsabilité, hors le cas de force majeure, de tous les ouvrages et documents composant la bibliothèque;

Du classement scientifique des livres sur les rayons;

De la rédaction et de la mise au courant des catalogues ;

De la tenue des registres de l'établissement ;

De l'inventaire de tous les objets mobiliers appartenant à la bibliothèque ;

Des propositions d'achat et de reliure ;

De tous les projets d'amélioration ;

D'accompagner les étrangers de distinction qui manifestent le désir de visiter la bibliothèque.

Il a, en outre, pour devoir :

De seconder dans leurs recherches les personnes qui viennent travailler à la bibliothèque, ou emprunter des livres, et de les aider, autant qu'il est en lui, de ses connaissances personnelles ;

De veiller à ce que le sous-bibliothécaire, sur lequel il a l'autorité directe, remplisse avec exactitude ses fonctions. Il est responsable, à son égard, de toutes les négligences qu'il n'aurait pas réprimées.

Art. 3. — Le Sous-Bibliothécaire est chargé spécialement :

De l'estampillage des livres ;

Du soigneux entretien de leur propreté ;

De la remise des livres aux lecteurs ;

De leur classement à la fin des séances ;

De l'appropriation de la salle des séances — sauf l'emploi du concierge — pour le balayage, frottage, et autres gros ouvrages de propreté.

CHAPITRE II.

Du service public et du prêt au dehors.

Art. 4. — La bibliothèque communale de......... est ouverte au public (tous les dimanches, de midi à quatre heures), excepté aux fêtes de Pâques, de Pentecôte, de Noël, quand ces fêtes tombent un dimanche, le premier jour de l'an, et pendant les vacances de septembre, dont nous nous réservons de fixer, chaque année, la durée.

Art. 5. — Tous les livres de la bibliothèque seront prêtés au dehors, à l'exception, toutefois, des manuscrits, des ouvrages rares ou précieux, et de ceux qui seraient contraires aux mœurs et aux saines doctrines religieuses ou politiques.

Art. 6. — En cas de refus d'un livre demandé, il peut être appelé au Maire de la décision du bibliothécaire.

Art. 7. — Pour être admis à emporter des livres, il faut être agréé par le bibliothécaire, et payer un abonnement annuel (de 2 francs, ou 20 cent. par mois.)

Le prix de l'abonnement pour les personnes étrangères à la ville est de 5 francs par an.

Art. 8. — Il est tenu un registre sur lequel le bibliothécaire de service indiquera le titre du livre emprunté, la tablette d'où le livre a été extrait, son format, etc. — L'emprunteur signe ce registre à la *sortie* et à la *rentrée* du livre.

Art. 9. — Chaque abonné ne pourra avoir entre les mains plus d'un volume à la fois, à moins qu'il n'ait pris plusieurs souscriptions. Toutefois, un second volume pourra être emprunté le dimanche qui précèdera une vacance de la bibliothèque.

Art. 10. — Les lecteurs sont responsables de la perte et de la dégradation des livres qui leur sont prêtés.

Si le livre fait partie d'un ouvrage composé de plusieurs volumes, et ne peut se remplacer seul, l'ouvrage entier sera abandonné au lecteur après expertise contradictoire, et paiement du prix de l'ouvrage.

Art. 11. — Tout lecteur peut garder pendant un mois le livre qu'il a emprunté. A l'expiration de ce délai, il est tenu, s'il désire le conserver plus longtemps, de demander une prolongation de prêt, qui peut lui être refusée si un autre lecteur réclame ce même ouvrage.

CHAPITRE III.

De la comptabilité et des dons faits à l'Établissement.

Art. 12. — Il est tenu écriture par le bibliothécaire, sous le contrôle du Comité, des recettes et des dépenses de la bibliothèque.

Les recettes se composent : 1° du montant des souscriptions ; — 2° des allocations municipales ; — 3° des dons en argent.

Les dépenses consistent dans la tenue des registres et écritures, la reliure ou l'acquisition des livres, l'entretien du mobilier. — A l'expiration de chaque trimestre, le bibliothécaire nous remettra l'état des souscripteurs, et il en sera fait recette, par le Receveur municipal, au profit du fonds de dotation de la bibliothèque.

Art. 13. — Les dons de livres seront inscrits, avec mention du nom des donateurs, sur le registre spécial qui est ouvert à cet effet. Est réputée bienfaitrice de la bibliothèque, toute personne qui aura fait don à cet établissement d'au moins 20 volumes, ou de manuscrits, papiers précieux, etc.

Les livres et papiers ayant cette provenance ne pourront, toutefois, être acceptés par le bibliothécaire qu'après avis favorable du Comité d'inspection, et décision conforme de notre part.

Un tableau des bienfaiteurs de la bibliothèque, depuis sa fondation, sera dressé le plus tôt possible, en séance du Comité, et affiché dans un lieu apparent de la salle des lectures.

CHAPITRE IV.

Du Comité d'Inspection.

Art. 14. — Il est établi près de la bibliothèque un Comité d'inspection, composé de trois membres, qui, conformément aux dispositions de l'art. 38 de l'ordonnance du 22 février 1839, est chargé de déterminer l'emploi des fonds consacrés aux acquisitions, aux reliures, de donner son avis sur la confection des catalogues, les conditions d'acceptation des dons, et des échanges proposées.

Ce comité donne également son avis sur toutes les questions qui lui sont soumises par nous et par l'autorité supérieure.

Art. 15. — Le Comité d'inspection de la bibliothèque se réunit, sur notre convocation, et sous notre présidence, le dernier dimanche des mois de janvier, avril, juillet et octobre de chaque année.

Il peut être, en outre, réuni extraordinairement, dans les formes d'usage, chaque fois que les besoins du service l'exigent. — Le bibliothécaire assiste à chacune des réunions.

Art. 16. — Dans sa séance trimestrielle de janvier, le Comité entend le rapport que lui présente le bibliothécaire sur la situation générale du service pendant l'année écoulée, et sur les améliorations qu'il comporte.

De son côté, le Comité, sur la proposition du bibliothécaire, délibère, dans la même séance, sur le chiffre de l'allocation qu'il convient de demander au Conseil municipal et sur tout ce qui concerne le service de la bibliothèque.

Les délibérations du Conseil sont transcrites sur le registre spécial tenu, à cet effet, par le bibliothécaire.

Art. 17. — A l'époque des vacances, le bibliothécaire dresse l'inventaire des livres entrés à divers titres, depuis un an, dans la bibliothèque.

Cet inventaire sera établi en double expédition : l'une d'elle, après avoir été visée par les membres du Comité et par nous, sera transmise à M. le Ministre de l'Instruction publique, conformément aux dispositions de l'art. 38 de l'ordonnance du 22 février 1839.

Art. 18. — Le bibliothécaire et les membres du Comité d'inspection de la bibliothèque sont chargés, chacun en ce qui les concerne, d'assurer, concuremment avec nous, l'exécution du présent arrêté.

Fait à . . . en Mairie, le. . . . .

Le Maire,

(*Sceau de la Mairie*).

Presque tous mes ouvrages (au nombre de 45) sont épuisés.

Il ne me reste plus que quelques exemplaires de ceux ci-après :

— Formulaire d'Arrêtés Préfectoraux, grand in-8° .... 1[illegible]

— Étude sur l'Administration en Savoie, avant et depuis l'annexion, in-8° .... 2 [illegible]

— Du Bénéfice-Cure en Savoie, sous les régimes sarde et français, broch. in-8° .... 1 [illegible]

— Christophe Plantin a-t-il connu le clichage typographique ? broch. in-folio .... 5 [illegible]

— Les Beaux-Arts en Rouergue à diverses époques. Mémoire couronné par le jury des jeux floraux de Rodez, in-4° .... 10 [illegible]

— Lettres et Poésies inédites de Voltaire (adressées à la Cour de Prusse) publiées d'après les originaux de la bibliothèque royale de Stockholm. Paris, Jouaust, 1873, in-12 .... 5 [illegible]

— Description du Berry et Diocèse de Bourges au XVIme siècle (d'après Nicolas de Nicolay), in-8° .... 5 [illegible]

— Biographie de l'abbé Prompsault, jurisconsulte ecclésiastique, chapelain des Quinze-Vingts, in-8°, portrait .... 2 [illegible]

— Nécrologe du fort Saint-François d'Aire-sur-la-Lys, et des compagnies détachées de l'hôtel royal des Invalides, in-12 .... 1 [illegible]

POUR PARAITRE PROCHAINEMENT :

— Histoire des Rosati d'Arras et de la Société du Valmuse, in-8°.

— Le mélodramaturge Caigniez. Sa vie, son œuvre, ses poésies inédites, in-8°.

— Biographie d'Amans-Alexis Monteil, suivie de sa correspondance et de ses travaux inédits, in-8°.

— Histoire générale de l'ordre hospitalier de Saint-Antoine de Viennois. 10 vol. in-8°.

— Recueil général annoté des actes relatifs aux affaires ecclésiastiques de France, depuis 1789. 20 volumes in-8°.

— Études historiques et archéologiques sur le Dauphiné. 2 volumes in-8°

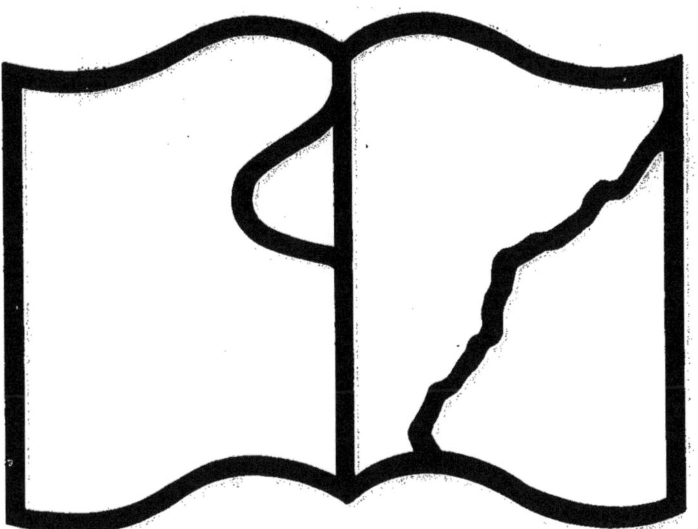

Texte détérioré — reliure défectueuse

NF Z 43-120-11

www.ingramcontent.com/pod-product-compliance
Ingram Content Group UK Ltd.
Pitfield, Milton Keynes, MK11 3LW, UK
UKHW020353250726
13967UKWH00005B/2268